基督徒

婚前輔導手冊

預備二人成為一體

Books by Paul J. Bucknell (包恩富)

讓聖經對我們今日的生活說話

- Overcoming Anxiety: Finding Peace, Discovering God
- Reaching Beyond Mediocrity: Being an Overcomer
- The Life Core: Discovering the Heart of Great Training
- The Godly Man: When God Touches a Man's Life
- Redemption Through the Scriptures
- Godly Beginnings for the Family
- 培養敬虔的後代
- Building a Great Marriage
- 基督徒婚前輔導手冊: 預備二人成為一體
- 十字架學習
- Running the Race: Overcoming Lusts
- Genesis: The Book of Foundations
- Book of Romans: The Living Commentary
- Book of Romans: Bible Study Questions
- 培養敬虔的後代
- Walking with Jesus: Abiding in Christ
- Inductive Bible Studies in Titus
- 1 Peter Bible Study Questions: Living in a Fallen World.
- 培訓新領袖
- 關懷已決志全職事奉者的程序
- 邁向下一步: 助您走向正確的全職服事之路 作者
- ➡ Check out these valuable resources at
  www.foundationsforfreedom.net

基督徒婚前輔導手冊

預備二人成為一體

作者：包恩富牧師 (Rev. Paul J. Bucknell)

栗永徽 譯

基督徒婚前輔導手冊 (繁體版)

包恩富 著 Copyright 2015 by Paul J. Bucknell

Translator: 栗永徽 譯

All Rights reserved
Printed by Biblical Foundations for Freedom

ISBN-10: 1619930579
ISBN-13: 978-1-61993-057-5

Digital
ISBN-10: 1619930587
ISBN-13: 978-1-61993-058-2

English paperback
Christian Premarital Counseling: Preparing the Two To Be One
ISBN-10: 1-61993-029-3
ISBN-13: 978-1-61993-029-2

www.foundationsforfreedom.net
info@foundationsforfreedom.net
3276 Bainton St., Pittsburgh, PA 15212

基督徒婚前輔導手冊

關於基督徒婚前輔導的幾點想法

預備二人成為一體

關於婚前輔導，你所需要知道的一切資訊！

我建議每一對夫妻都應該做基督徒婚前輔導。想一想，造男造女的這位偉大的神也設計了婚姻制度。祂知道婚姻要如何才能幸福。何不來看看祂有甚麼話要說？

問題在於：「要如何帶領婚姻輔導？」很多人都沒有在這方面受過訓練。我也面臨此問題。身為一個牧師，我必須找出進行婚姻輔導最好的方式。這件事所帶來的好處十分明顯。一次又一次，一對接著一對，我終於找出一個好方法。自此之後，我把內容提升一些，並且把這些資源分享給我們的讀者。每一件你需要知道的事情都包含在這裡。

這本婚前輔導手冊幫助你瞭解如何一步一步
進行基督徒婚前輔導。這與市面上其他許多
婚前輔導材料不一樣。這個系列的教材幫助牧
師、長老以及其他教會領袖參與在婚前輔導
的過程中，來挑戰並預備新人，能夠有美好
而敬虔的婚姻。

這個系列教材提供新人許多講義、工作表，甚至也包
括引導問卷。也提供一些其他推薦書籍的網路連結。
你可以按照你自己的需要來改編教材的內容。

我不認識有任何人當初結婚的時候是帶著把自己婚姻
搞砸的願望而結婚。從每對夫妻結婚時如何用慶典的
方式舉辦，可以看出他們對自己的婚姻有多大的期
盼。問題是：「這對夫妻要如何達到這個目標？」這
些年輕人在哪裡可以找到好的模範？好的榜樣難尋。
社會與家庭越崩解，我們就越需要好好研讀神對婚姻
的旨意。其實，我們最好能將婚前輔導視為一種特殊
的門徒訓練課程，來強調那些可以幫助新人建立美好
而敬虔婚姻的真理。

新婚夫妻常常並不是很清楚自己真正的需要。即使他
們可能不會記得，身為輔導的我們，必須在他們婚姻
的早期幫助他們看見並且面對路上的障礙，給他們盼
望與方法來克服這些問題。有趣的是，我發現在我們

婚前輔導的課程中，準新人們常常在來上課前剛剛大吵一架。他們其實不想來，但已經跟牧師約好了。所以他們仍然來了。在他們婚姻早期所種下的引導、愛與盼望，在後期會生出許多果實。

這本教材設計得很有彈性。裡面的內容引導教師透過有特殊目的的對話來更深入瞭解即將結婚的新人。第一課幾乎有一半都是為了幫助教師更瞭解新人而設計。當課程逐步進行，準新人們會漸漸學會與對方有效溝通、解決衝突，並彼此欣賞。教師的責任是幫助他們，在一個受保護的環境裡，提早面對他們的早期衝突，使得他們未來能在神的恩典中把問題處理得更好。夫妻永遠都會有困難需要面對與克服。我們教他們如何做到。

我們在婚禮前會與準新人們上六次的課，婚禮之後再上最後一次。我太太琳達和我一起在我們家舉行這個課程。我們的課程是半隱密的，亦即，有時候我們家小孩可能會從旁跑過去。通常我們不會要求絕對的隱密，除了在本課程中的某些特殊部分。如果需要私密的空間，我們會特別安排。藉著讓準新人們在我們家上課，可以讓他們同時間觀摩如何經營一個敬虔的家庭生活。

目前在市面上沒有太多有關婚前輔導的詳細書面教材，因此我把我自己如何做的分享在此書中。我盼望你能自行取用你覺得好的部分，並且改進它。你可以隨意拷貝這份教材並且按自己的需要調整它。這六課的每一課都有一份講義，也有一些表格需要填寫。有時候我們的內容會引用其他來源的資料，我們也會列出相關資訊提供讀者參考。

包恩富牧師，寫於2011年

婚前輔導課程主題與相關表格

請注意：下面所提到需要被檢視的表格都已經準備好了，其中大部分（除了講義）都會在前一週先發給準新人們事先填寫，以便在上課時可以一起檢討。請參閱手冊中的說明。比如說：我們在第三課的結尾會發給準新人們有關財務的表格，他們回去填寫後，於第四課上課時一起討論。

填完的表格應該在課程開始前就回收，有時甚至可以透過網路回收。有時候讓夫妻互看一下對方填寫的內容會對他們有幫助，對於婚前問卷以及個性分析表更是如此。所有的表格都提供PDF檔案讓讀者自行列印。

有些檔案我們提供*.docx 讓讀者可以從網路下載或者自行下載後修改。修改前讀者不需要徵求我們的同意。如果在某幾個課程中不方便討論表格內容，讀者也可以找別的時間討論。

我希望準新人在整個輔導期間能共同閱讀一本書。這可以幫助他們對於婚姻瞭解得更多，也可以發現一些重要議題來討論。Robert Andrew 所寫的書 "The Family: God's Weapon for Victory" 很好，但是沒有中文翻譯。這本

書強調交往時期以及婚姻的目的與過程。找一本你認為適合他們的書,請他們閱讀。

還有一本書用一種很有趣的方式探討兩人的差異:"Your Temperament: Discover Its Potential" ISBN: 9971965267 (pp.93-4 charts),作者:Tim LaHaye. 這件事沒有非常緊急,因為要到第五課才會用上。我比較不太偏好太過分析性的表格,反而愛用 這一種,因為準新人以及他們的朋友可以用,並且比較能理解問題與答案。

同樣,這也沒有中文翻譯。所以如果你需要中文教材,請尋找一種分析測驗的問卷,幫助他們發現彼此之間的差異。大多數的輔導已經選定某種自己愛用的問卷。請讀者自行選用比較適合的。不過要記住,你的時間有限,填表格也是很花時間的。我們所建議的書都可以買新的,也可以買得到二手的。如果你在教導的過程有需要,可以自行拷貝LaHaye書中的圖表。盡量鼓勵準新人們建立一個屬於他們自己的基督徒家庭圖書館。

❖ 在附錄中可下載的資源

雖然以下的內容都在這本書中，它們也可以從附錄一的連結被下載，之後讀者可以自行編輯、拷貝。當你想要把問卷用email傳給某人，你可以傳PDF檔或者DOCX檔。

➡ pdf: 適合觀看與列印

➡ docx: 可以用Microsoft Word作編輯

➡ Epub: 需要用epub reader （例如iPad的iBook）來閱讀

#0 開始之前

婚前輔導時程： pdf | excel

婚前輔導問卷： pdf A4 | docx | pdf-us (8.5x11 inch)

#1 上帝對婚姻的設計

講義 #0: 建立屬靈的根基: pdf | docx | pdf-us | epub

講義 #1: 上帝對婚姻的設計: pdf | docx |pdf-us | epub

#2 溝通的原則

講義 #2: 溝通的原則： pdf | docx | pdf-us | epub

表格： 探索你的價值觀： pdf | docx | pdf-us

表格： 找出你對婚姻的期待： pdf |docx | pdf-us

#3 做有智慧的決定

講義 #3: 做有智慧的決定: pdf | docx | pdf-us | epub

閱讀：給已訂婚者的忠告: pdf ｜docx ｜ epub

#4 處理財務

講義 #4: 處理財務 pdf ｜ docx ｜ pdf-us ｜ epub

表格：理財觀念 pdf ｜ docx ｜ pdf-us

表格：婚禮預算 pdf ｜ docx ｜ pdf-us

表格：婚後第一年預算 pdf ｜ docx ｜ pdf-us

#5 瞭解兩性差異

講義 #5: 瞭解兩性差異 pdf ｜ docx ｜ pdf-us ｜ epub

#6 為親密關係作預備

講義 #6: 探索親密關係 pdf ｜ docx ｜ pdf-us ｜ epub

閱讀：在結婚前做智慧的決定: pdf ｜ docx ｜ epub

婚前輔導時程與表格

夫妻姓名：		傳遞 Given	收到 Received
	婚前輔導時程與表格: pdf I excel		
#0 開始之前	婚前問卷		
	選一本有關婚姻家庭的書給他們閱讀		
#5	分析測驗的問卷		
#1 上帝對婚姻的設計			
	講義 #0: 建立屬靈的根基		
	講義 #1: 上帝對婚姻的設計		
#2 溝通的原則			
	講義 #2: 溝通的原則		
	表格： 探索你的價值觀		
	表格： 找出你對婚姻的期待		
#3 做有智慧的決定			
	講義 #3: 做有智慧的決定		
	閱讀與問題討論： 給已訂婚者的忠告		
#4 處理財務			
	講義 #4: 處理財務		
	表格：理財觀念		
	表格：婚禮預算		
	表格：婚後第一年預算		

#5 瞭解兩性差異		
	講義 #5: 瞭解兩性差異	
#6 為親密關係作預備		
	講義 #6: 探索親密關係	
	閱讀與問題討論：在結婚前做智慧的決定	
	祝你們有個美好的蜜月！（無講義）	
#7 婚後輔導	無教材	
十個月之後。		

婚前問卷表格

絕對保密

一般性資訊

姓名

_____ 暱稱 _____

住址 _____ 城市 _____

國家 _____ 郵遞區號 _____

職業 _____ 常用電話 _____

公司電話 _____ 生日 _____

最愛做的事情或運動 _____

教育背景: _____ (請列出最高學歷)

你信主多久了？ _____

有規律的靈修嗎？有 _____ 沒有 _____

身為基督徒，你最大的掙扎是什麼？

_____

_____

婚前問卷表格

關於婚姻

未婚夫（妻）姓名＿＿＿＿＿＿＿＿＿＿＿＿＿＿＿＿＿＿＿＿＿＿

以前曾經結過婚嗎？是 ＿＿＿ 否 ＿＿＿

你們認識多久了？＿＿＿＿＿＿＿＿ 你們穩定交往多久了？＿＿＿＿＿＿＿＿

何時訂婚？＿＿＿＿＿＿＿＿

雙方父母贊同你們結婚嗎？ 是 ＿＿＿ 否 ＿＿＿＿

你們計劃在何時何地結婚？ ＿＿＿＿＿＿＿＿＿＿＿＿＿＿＿＿．

主婚人是誰？＿＿＿＿＿＿＿＿＿＿＿＿＿

結婚之後你們會居住在哪裡？＿＿＿＿＿＿ 你們會自己住嗎？是 ＿＿＿ 否 ＿＿＿

你們未來的住址與電話（如果已知）：＿＿＿＿＿＿＿＿＿＿＿＿＿＿＿

婚禮籌備的情況如何？ 尚未開始＿＿ 已經開始計劃＿＿ 接近完成 ＿＿＿

蜜月的計劃是否已安排？ 尚未開始＿＿ 已經開始計劃＿＿ 接近完成 ＿＿＿

你對於計畫婚禮、蜜月旅行或婚後生活有任何的困難嗎？有＿＿ 沒有＿＿

如果有的的話請描述你在哪些方面有困難 ＿＿＿＿＿＿＿＿＿＿＿＿＿

＿＿＿＿＿＿＿＿＿＿＿＿＿＿＿＿＿＿＿＿＿＿＿＿＿＿＿＿＿＿＿＿＿＿

＿＿＿＿＿＿＿＿＿＿＿＿＿＿＿＿＿＿＿＿＿＿＿＿＿＿＿＿＿＿＿＿＿＿

婚前問卷表格

你的父母親仍健在嗎？　　是 ＿＿＿　否＿＿＿　其中一位 ＿＿＿＿

住在哪裡? ＿＿＿＿＿＿＿＿＿＿＿＿＿＿＿＿＿

他們的職業 (或者退休前的職業):

　　　父親 ＿＿＿＿＿＿＿＿＿＿＿＿＿＿＿ 母親 ＿＿＿＿＿＿＿＿＿＿＿＿＿＿＿

父母親是基督徒嗎？　是 ＿　否 ＿　如果是的話，你能夠跟他們討論你的屬靈
生活嗎？可以 ＿　不可以＿

你的父母曾經分居或離婚嗎？　是 ＿＿＿　否 ＿＿＿

什麼時候發生的 ？ ＿＿＿＿＿＿＿＿＿＿＿＿

評估一下你父母的婚姻: 不快樂 ＿＿＿　普通 ＿＿＿　快樂 ＿＿＿　非常快樂 ＿＿＿

身為孩子，你覺得你最親近的人是　(爸爸 ＿＿＿), (媽媽 ＿＿＿), 或別人 (誰？
＿＿＿＿＿＿＿＿)?

評估你的童年生活：很快樂 ＿＿＿　快樂 ＿＿＿　普通 ＿＿＿　不快樂　＿＿＿

你有幾個　　　哥哥 ＿＿＿　弟弟 ＿＿＿　姐姐 ＿＿＿　妹妹 ＿＿＿

通常誰管教你 ？　爸爸 ＿＿＿　媽媽 ＿＿＿　　他們嚴格嗎 ？　是 ＿＿＿ 否＿＿＿

婚前問卷表格

健康狀況

評估你的身體健康程度 (請打勾):

     很健康_____   健康_____   普通_____   拒絕回答_____

體重 _____公斤   最近體重變化: 減輕_____ 變重
_____

列出過去或現在所有重大的疾病、受傷或殘障情況:
_____

_____

_____

上次做健康檢查的日期 _____ 結果報告: _____

你最近有沒有為結婚的緣故特地做健康檢查？ _____

你有因為非醫療情況用藥嗎？ 有_____ 沒有_____ 為什麼？
_____

你目前有服藥嗎？ 有____ 沒有____ 什麼樣的藥？ _____

你曾有很嚴重的情緒低落嗎？ 有____ 沒有____

    如果有，最近一次是何時？ _____

你曾做過心理治療或者心理輔導嗎？ 有____ 沒有____ 何時？_____

你有任何恐懼或憂慮嗎？ 有____ 沒有____

    因為什麼事？ _____

婚前問卷表格

你有任何身體上或心裡的掛慮嗎？有 _____ 沒有 _____

    因為什麼事？ _____

你們有常常討論家裡的計畫嗎？ 有時候 _____ 從來沒有 _____

    經常仔細討論 _____

<u>其他方面</u>

你們兩人在哪些生活方式、成長背景或意見上有相似之處？

_____

_____

你們兩人在哪些生活方式、成長背景或意見上有相異之處？

_____

_____

有沒有任何壓力促使你們盡快結婚，不論是某人或某些情況？
    有 _____ 沒有 _____

你們為什麼想結婚？ _____

你們之前有性經驗嗎？ 有 _____ 沒有 _____ 何時發生？ _____
    如果有，你的未婚妻（夫）知道嗎？
    全不知道 _____ 知道一部份 _____ 完全不知到 _____

是否還有別的事情你不知道是否應該坦白告訴你的未婚妻（夫）？
    是 _____ 否 _____

你們有討論過在結婚之前你們的親密關係應該維持的界線嗎？
    有 _____ 沒有 _____

婚前問卷表格

如果有的話，界線是什麼？ _____

你們父母對這件事有何看法？ _____

_____

你們最大衝突點是什麼？ _____

_____

你的未婚妻（夫）知道你對這些事情有反對意見嗎？

　　　　是 _____　否 _____ 知道一部份 _____

你覺得結婚會對你的生活帶來不方便或者壓力嗎？

　　　　是 ____　否 ____ 如果有，是哪些方面？ _____

有沒有哪些議題你想在你的未婚妻（夫）不在場的時候與我私下討論？

　　　　是 _____　否 _____

是哪些議題？ _____

_____

完成問卷的日期 _____　　簽名

第一課 上帝對婚姻的設計

我們以吃晚餐來開始第一課。通常我們每堂輔導課大約一個半到兩小時。第一課會比較長。關於「把生活與服事分開」的作法,我們並不同意。我們會在晚餐的時候與準新人交談,藉此方式讓他們更自在,也無形的在全家人參與的環境中給他們訓練。

每次上課我們都以禱告開始。這六次的上課時間是很早之前就會安排好。時段的安排不只是為了新婚夫妻,也是為了我自己的時間管理。我們當然可以改變見面的時間,但最好是在婚禮接近之前就把上課時段安排進來。每兩三週上一次課是最理想的,如果

婚前問卷表格

有需要的話,也可以安排得更緊密。 有時候新婚夫妻或許需要坐飛機來上課。 我不會讓兩次上課的間隔超過一個月。連續性對婚姻輔導是很重要的。

時間分配：

● **邀請他們來我家吃晚餐（一小時）**

邀新人在家中共進晚餐，我的孩子也可以一起參與，藉此機會彼此認識。他們可以藉此看到我太太如何為一個大家庭準備食物，在餐桌上大家如何交談，以及孩子們如何彼此輪流負責收拾善後的工作。

● **帶著他們看完整個婚前輔導問卷（10-30分鐘）**

我常常會把這段時間與晚餐前跟他們交談的時間作結合（不幸的是，這代表我太太琳達將無法參與在這段談話中）。留點時間給他們作答。我通常會尋找答案中的某些線索來幫助我更瞭解他們，並且找出對他們來說可能有問題的點。這會引導我們未來的談話重點。比如說，如果他們來自比較不好的家庭背景，我會花時間解釋合乎聖經的家庭應該是如何的。

有一個機構，對於婚前輔導的問題，要求新人需提供以下資訊，或許你會覺得這些對你有幫助：

- ・信用報告
- ・驗血報告
- ・駕駛紀錄
- ・犯罪前科

這些報告可能會對你非常有幫助。我們不能假定每個人都是誠實的。此外，我們也許會忘記詢問某些重要問題。如果一位新人的血液呈現HIV陽性反應（愛滋病），是否對他們的婚姻有什麼嚴重影響？這些都是很重要的問題。

● **給他們活頁夾（五吋長）**

我會給他們三孔活頁夾。如果我有時間，我會幫他們製作姓名標籤以及課程標籤並黏在上面。我通常會把講義印在

不同顏色的紙上。請注意：在第一次上課，會發兩份講義，序言（縱覽）以及上帝對婚姻的設計。

- **發放並討論序言以及第一課講義「上帝對婚姻的設計」**

  (1) **縱覽（五分鐘）（請注意，在縱覽篇裡面的插圖可作為婚姻輔導所有課程的索引）**

  首先介紹課程縱覽，以及六堂課程的內容。我會特別提到我願意對於他們任何有需要的地方提供資源幫助他們，我也願意與他們個別見面來討論問題。

  - 第一課 上帝對婚姻的設計
  - 第二課 溝通的原則
  - 第三課 做智慧的決定
  - 第四課 處理財務
  - 第五課 瞭解兩性差異
  - 第六課 探索親密關係

  (2) **婚姻的榮耀（15分鐘）（縱覽的一部分）**

  婚姻是美好的！我希望他們知道這一點，並且以擁有美好婚姻為目標。我讓新人知道具備以聖經為基礎的婚姻觀，並且實際按此觀點生活，才能擁有美好婚姻。在我們開始之後，需要繼續憑信心向前行。透過這個序言，我讓新人知道婚前輔導能幫助他們具備聖經的觀點，因此非常重要。

  (3) **從聖經的角度來看（50分鐘）第一課講義**

  因為邀他們共進晚餐，再加上邀請新人一起參與我們全家的靈修時間（只有這一次），我很少能夠順利結束「上帝對婚姻的設計」講義的第二頁。這也是故意的。我們需要先注重於彼此認識。我想要在下一次課程中再次強調這一點。

(4) 合乎聖經的婚姻（5分鐘）第一課講義
很快的讀過其中引用的聖經節並且給一些恰當的解釋。

· 結束時，提出代禱事項並一起禱告

通常我讓準新郎先禱告，然後是準新娘，接著是我太太，我做結束禱告。我只要求他們為他們的婚姻禱告。這也是一種訓練。通常我會要求他們為了剛才上課時所提出的某個問題來禱告。例如：祈求神給你一個美滿婚姻。

· 回家作業

(5) 按照預定進度，繼續閱讀指定閱讀書籍的下一章。

(6) 讓新人填寫兩份表格：
 * 探索你的價值觀 pdf | pages
 * 探索你心中的期待 pdf | .doc | pages

(7) 挑戰他們在本週一起讀經禱告。下次見面的時候我會查問他們。我希望他們能夠養成這個習慣。

請注意 雖然我們極為推薦我們自己的書「建立美滿婚姻」，這本書大部分的內容最好是在新人已經結婚之後再研讀。可以買這本書做為他們的結婚禮物。裡面三個主要段落提到婚姻的基礎，恢復的原則，以及如何使得婚姻更深入豐富。裡面也有問題可供討論。其中第一部分，可以作為此婚前輔導課程的絕佳補充教材。

講義:建立屬靈的根基

基督徒婚前輔導手冊

預備二人成為一體

❖ 縱覽

所有美滿婚姻都有堅實的基礎。主勸誡我們按照祂的教導來過婚姻生活，因為他是婚姻的發明人與設計師。我們的目標是為我們的婚姻建立聖經基礎，使得我們的生命能反映上帝的良善與秩序，藉此幫助我們的家人以及其他那些已經喪失盼望的人。

若不是耶和華建造房屋、建造的人就枉然勞力，若不是耶和華看守城池、看守的人就枉然儆醒。(詩篇127:1)

#6 探索親密關係

#5 瞭解兩性差異

#4 處理財務

夫妻

#1 上帝對婚姻的設計

#2 溝通的原則

#3 做智慧的決定

❖ 婚姻的榮耀

大多數即將結婚的人都絕對相信他們將會有史上最完美的婚姻。但事實上卻是，大多數的人都在忍受糟糕的婚姻，或者準備要離婚。你的婚姻有什麼特別的地方使你與別人不同？

浪漫主義者相信美好婚姻會自然發生。敬虔的人知道這需要有紀律的屬靈操練並且竭盡全力才能達成。上帝有個美好計畫，但我們必須努力去達成它。我們越多瞭解上帝對婚姻的設計，越肯定祂的計畫，我們的婚姻就會越健康。

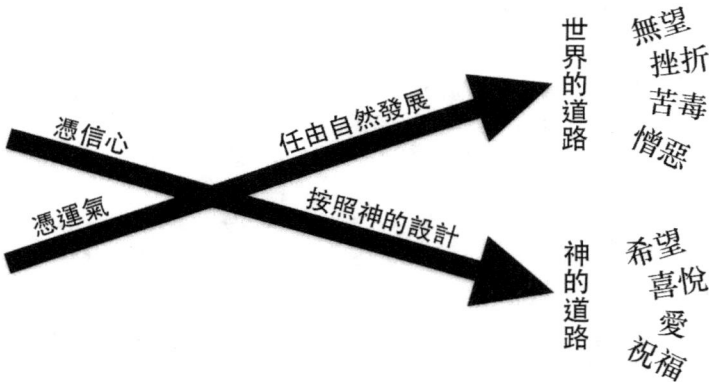

憑信心　　　任由自然發展　　世界的道路　　無望 挫折 苦毒 憎惡

憑運氣　　　按照神的設計　　神的道路　　　希望 喜悅 愛 祝福

上帝願意把祂豐盛的良善與你分享。婚姻是祂偉大計劃當中的一部分。但是當祂以祂的話語向你顯示祂的真理時，祂要你把祂放在第一位，並且順服。這是給

你一生之久的機會來更認識祂。以下是我們跟已訂婚
的準夫妻們討論的幾個主題。

詩篇91篇

上帝願意把祂豐盛的良善與你分享。婚姻是祂偉
大計劃當中的一部分。但是當祂以祂的話語向你
顯示祂的真理時，祂要你把祂放在第一位，並且
順服。這是給你一生之久的機會來更認識祂。以
下是我們跟已訂婚的準夫妻們討論的幾個主題。

❖ 拒絕與擁抱

(1)承認並且拒絕從世界來的對於婚姻、親密關係、性與人生的觀點	⬅ 兩個步驟 ➡	(2) 瞭解並肯定聖經裡對於婚姻、親密關係、性與人生的觀點
"不從惡人的計謀，不站罪人的道路，不坐褻慢人的座位" *(詩篇 1:1)*		"惟喜愛耶和華的律法，晝夜思想，這人便為有福！" *(詩篇 1:2).*

講義：上帝對婚姻的設計

基督徒婚前輔導手冊

預備二人成為一體

❖ 站在聖經的觀點

在知道為什麼兩個人要結婚之前，我們必須先問，上帝對於婚姻有什麼心意。更重要的基礎是，我們必須思想上帝創造男人與女人的原因。

夫妻

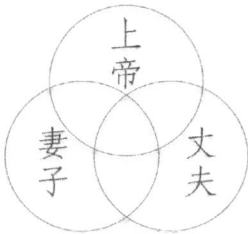

* 大多數的人按照自己對於人生的計畫來建立婚姻。他們只想到自己想要什麼，並且追逐這個目標。如果我們的人生只追求享樂，我們會錯過上帝對我們婚姻的偉大目的。

• 神對你的婚姻的心意是什麼？

• 婚姻與家庭彼此之間的關係是什麼？

丈夫

* 男人通常很少思想神對他們人生的要求是什麼。他們常會與生俱來的跟隨心中所想要的慾望。

• 神對男人的心意是什麼？

• 在新約時代這是否仍然不變？

• 你怎麼知道的？（西一9-13，馬太廿八18-20，多二2、6-8）

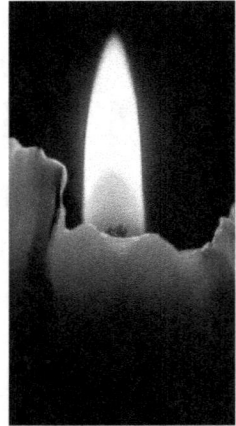

　　如果想要建立美好的婚姻，丈夫需要主動積極的尋求神對婚姻的恩典與旨意。

妻子

* 女人是在罪尚未進入世界之前所創造的

• 女人的受造與神對全人類的心意有何關連？

• 在新約時代這是否仍然不變？

• 你怎麼知道的？（創一18-25，提前二1-15，多二3-5）

神給女人的主要呼召是做先生的幫助者。她們需要調整自己的時間、生活與行程來幫助她們的丈夫在所做的事上更加卓越。

❖ 關於婚姻的名言

➡ 婚姻是上帝發明的。

➡ 婚姻是極棒的禮物，極美的獎賞。

➡ 婚姻關係應該是最親密、最令人滿足的人際關係。

➡ 婚姻被上帝設計用來在這個冰冷、邪惡的世界供應神的安慰。

➡ 婚姻的目的是在道德層面與屬靈層面補足我們人生的缺乏。

探索你的價值觀

丈夫		以下是你的心聲嗎？ 請圈選是或否	妻子
是 否	1	當有人不同意我的意見時，我會為自己辯護	是 否
是 否	2	當有人要求我做某些我不想做的事，我會嘗試迴避	是 否
是 否	3	我非常生氣時會大叫	是 否
是 否	4	我同意聖經裡面關於妻子應該順服丈夫的教導	是 否
是 否	5	丈夫是全家的領導人，即使他可能做得不好	是 否
是 否	6	節約開銷、盡量節省是很重要的	是 否
是 否	7	我很容易接受別人的批評	是 否
是 否	8	我幾乎從未真正生氣過	是 否
是 否	9	我喜歡花時間與別人交談	是 否

是 否	10	我有時候會說謊	是 否
是 否	11	我相信聖經的觀點具有最高的權威	是 否
是 否	12	夫妻必須在每件事上都意見一致	是 否
是 否	13	如果我的配偶不改善他的品格，對我來說沒關係	是 否
是 否	14	我喜歡生活中所有的事情都乾淨整齊有秩序	是 否
是 否	15	夫妻兩人在每週都應該有自己的自由時間	是 否

請注意：請勿對以上這些想法有預設立場（對或錯）

探索你心中的期待

丈夫		你對於婚姻有什麼期待？ 請圈選是或否	妻子
是 否	1	夫妻兩人都應該在外工作並供應家庭	是 否
是 否	2	媽媽應該待在家照顧孩子	是 否
是 否	3	送孩子去幼兒園是件好事，因為太太可以出去上班	是 否
是 否	4	夫妻兩人應該可以獨立管理自己的錢	是 否
是 否	5	夫妻兩人即使有一方不同意，另一人仍然應該能看他想看的電視節目	是 否
是 否	6	太太應該做所有的家務以及打掃工作	是 否
是 否	7	夫妻應該規律的參加教會聚會並且一起禱告	是 否
是 否	8	丈夫應該以有禮貌的方式保護太太免於姻親的打擾	是 否
是 否	9	太太可以用碎碎念的方式逼迫老公去修理家中的東西	是 否

是 否	10	丈夫應該負責修理家中大小物品並且照料庭園	是 否
是 否	11	丈夫應該負責管理金錢與承擔所有開支	是 否
是 否	12	夫妻兩人的性生活應該由丈夫主動	是 否
是 否	13	在家中所有的事情中，丈夫有最終決定權	是 否
是 否	14	丈夫應該負責領導屬靈的事務	是 否
是 否	15	正常情況下，太太應該負責照料三餐	是 否

請注意：請勿對以上這些想法有預設立場（對或錯）

第二課：溝通的原則

基督徒婚前輔導手冊

預備二人成為一體

在第二次上課時所用的時間分配架構會在後面的課程中重複使用。在簡單的寒暄之後，我們一起坐下，以禱告開始今天的課程。這不是個簡單的禱告，我們仰望神在他們生命中帶來突破。每次當神的真理被陳明後，我們只能完全仰望聖靈帶來這些生命的改變。我們也為自己求智慧，知道該說什麼、不該說什麼。這幾堂婚前輔導其實是很有限，我們需要上帝親自來幫助這對新人，做工在他們心中。

接著，我會請他們分享他們兩人相處的近況如何。有些準夫婦可能會害羞，因此不太願意分享他們之間的不合。按著他們的答案稍微更深入的去挖掘，直到你對這對準夫妻的情況有更深入瞭解。這一課主要探討基本溝通技巧，需要仔細觀察丈夫是否你願意開口談話，以及他願意談的內容。確保兩個人用正確的方式溝通，而不是互相批評或吵架。有些輔導員公開的說吵架是好事，其實不然。是的，吵架可以把問題公開

化，但是卻不是以對的方式來做。另外，眼前所看到的憤怒場景，背後可能藏有更深的問題。

❖ 時間分配：

1. 更深入認識；討論一下上次的作業（10分鐘）
   看看他們是否已經買書並開始研讀（希望是一起讀）。看看丈夫是否有主動帶領未婚妻查經或者禱告

2. 上完第一課：上帝對婚姻的設計（5-30分鐘）
   不要跳過這一課。如果有需要，下一次上完也可以。不論如何，簡短的複習內容。將來會需要常常回到這一課的內容。

3. 討論作業（5-10分鐘）
   (1) 你現在（或者應該更早）應該已經拿到他們填寫完的兩份問卷。你可以在上課過程中與他們討論，也可以現在討論。問卷設計成左右兩欄，這樣你可以把男生和女生的答案放在一起比較。當你看到兩人對某一點有很大歧異，這可能會是他們將來的衝突點。可以讓他們討論。如果時間不夠，看看他們能否在下次上課前化解歧異。
   (2) 問他們是否已經拿到書並且開始閱讀？
   (3) 他們是否有一起讀經與禱告？

4. 討論第二課講義（60分鐘）
   (1) 被愛激勵（以弗所書五22-33）

(2) 藉著展示丈夫與妻子如何正確的溝通來繼續第一課的內容。可以表現一些批評性的說話方式。

(3) 被神的恩典與真理觸摸（約翰福音一14）
我們彼此對待的方式應該要像是對方從來沒有犯過罪一樣。這是真實而非虛謊。我們選擇按照上帝指教我們的方法說話。然而，我們必須記住，這不代表我們想遮掩問題。有些人沒有學會如何用慈愛的態度來面對問題。他們必須學習（不要把注意力放在對話的結果，而應該注意如何在主面前一起找出問題與解答）

(4) 遵守聖經原則（以弗所書五1-21）
給他們功課，讓他們找出不同的聖經經文幫助他們改變他們對話的方式。他們應該以聖經作為標準。他們必須花時間一起讀經來建立這些價值觀（可以從上週的查經裡尋找例子）。

5. 以詢問代禱事項以及禱告作結束（10分鐘）

6. 分派作業

➡ 按照預定進度，繼續閱讀指定閱讀書籍的下一章。

➡ 把下次上課前應該讀的東西派給他們。

- 給已訂婚的準夫妻的建議（四頁內容，兩頁問題）
  - 肉體關係
  - 與父母的關係
  - 獨特機會
  - 有智慧的生活

講義: 溝通的原則

基督徒婚前輔導手冊

預備二人成為一體

❖ 被愛激勵 （弗五22-33）

「你們作妻子的，當順服自己的丈夫，如同順服主。因為丈夫是妻子的頭，如同基督是教會的頭；他又是教會全體的救主」（弗五22-33）

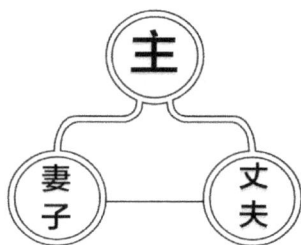

你們的目標是彼此建造。不論發生何事，這都應該成為你主要人生目標之一。這可以在我們身為夫妻的呼召的框架中表達出來。

•丈夫	•妻子
恆常的愛提供一種具有安全感的關係使妻子可以進一步成長	忠心的敬重與支持丈夫使上帝可以在他的生命中做更奇妙的事情

人們除了用言語與沈默溝通之外，也會透過行動與臉上表情溝通。

❖ 被神的恩典與真理觸摸（約一**14**）

> 「惟用愛心說誠實話，凡事長進，連
> 於元首基督」（弗四*15*）

恩典就是以別人（尤其是我們的配偶）不配得的方式來對待他。

真理要求我們靠著天父，恆常瞭解並持守住神的標準。

> 「道成了肉身，住在我們中間，充充滿
> 滿地有恩典有真理。我們也見過他的榮
> 光，正是父獨生子的榮光」（約一*14*）

❖ 遵守聖經原則（弗五**1-21**）

我們與配偶的溝通方式不應該與其他的弟兄或姊妹有太大的差異。你的言語仍然要有禮貌、敬虔、關心與渴望建造你的配偶。

主要的差別在於，由於你們每天很頻繁的接觸，你們會有更多機會表達自己，使得你們有更深交通的機會。

- 從以弗所書五章1-21節裡面找出至少五項健康交通的指導原則

在神話語的光中討論你們的標準
如果你冒犯了配偶或者被冒犯，你要怎麼做？

你們當中最美好的談話會發生在你們一起讀神的話語和禱告時。

有效的每日靈修並且默想神的話是
敬虔與美好婚姻的基礎

給已訂婚的準夫妻的建議

對每一對夫妻來說，訂婚都是最令人興奮的階段。那種對屬於自己的新生活即將展開的美好期待使人異常興奮。大部分的夫妻訂婚的期間介於6-18個月。在這段期間留意幾件重要的事情可以保護並確認你們的關係。我們要特別著重四件重要的事。

❖ (1)肉體關係

在耶穌時代，希伯來人的結婚方式，會讓準夫妻兩人分開，直到有一天新郎突然來到，把新娘接到他的家。今天世上有許多不同的文化對於訂婚有截然不同的作法。大多數已訂婚的準新人都希望黏在一起越久越好。這種彼此吸引是正常的，但是雙方必須小心留意肉體上的關係。

關於什麼可以做或者不能做，有各式各樣的標準。然而，按照聖經標準以及每個人所能接受的考量來訂立原則是很重要的。任何使二人其中一方良心不安的行為都應該全力避免。

聖經設立很清楚的標準反對姦淫（在婚前的性行為）。訂婚不是結婚。要節制性方面的親密關係。這對於婚姻的基礎非常的重要。（否則，你如何判斷他愛的是你還是你的身體而已？）

性方面的貞潔對大多數基督徒夫妻來說並不難接受。通常人們有不同意見的地方是在於其他身體方面的接觸。準夫妻應該訂立一個行為準則。或許他們可以把他們的標準跟父母分享，或者至少找另一對夫妻做監管。建立標準是要確保兩人都能誠實以對。一個人的標準不該是某件我們羞於向別人啟齒的事情（這通常意味著裡面有問題）。

所定出來的標準有可能一開始非常正確，但是接著很快的向下沈淪。這些標準應該反映出愛撫（碰觸私密的地方）、深入接吻與撫摸都很容易導入性關係。兩人都同意一組共同標準可以幫助你們兩位保持警醒，避免這樣的接觸。如果你們喜歡做點娛樂，你們所看的節目、電影或者聽的音樂都應該要保持聖潔，與你們定的標準相符。

以下是我建議的原則：

➡ 不要在你們兩人的住所獨處太長的時間（沒有其他人陪同）

➡ 不要一起躺下，即使兩人身上都穿了衣服

➡ 牽牽小手，簡單的接吻，很快的擁抱。不要做
一些會激發對方生理渴望的事情。

➡ 繼續與你原來的朋友保持友誼。

➡ 定期一起禱告。

這裡有幾個重點。要對彼此誠實、開誠布公。下決心
遵守承諾，如果有違反之情事也要馬上坦承。把所定
的標準與某個你信任的人分享。

如果有一方感覺另一方沒有持守承諾，他有責任大聲
說出來。另一方應該道歉並且糾正自己的行為。

所有的標準都應該表達出一個人最深處聖潔的渴望。
比如說，如果未婚妻感覺對於某一種擁抱方式不舒
服，他們應該一起討論，並且把這種行為放到「等候
清單」裡面。

最重要的是，我們應該用正面的眼光來看這些標準。
上帝要你好好利用這段時間來發展你們兩人的關係。
不要讓世界的文化來改變你的標準。你必須堅持。兩
人的關係若容讓更多的肉體接觸，就會逐漸變質成為

只要求滿足肉體的歡愉。如果兩人能持守住，你們就
能自由的發展出以認識對方為中心的堅固關係。

● ● ● ● ● ● ● ● ● ● ●

☐ 你們是否有開誠布公的討論在這段訂婚期間肉體接
　觸的標準？你們能否都說說你們覺得可以做的事？
　另一個人有在仔細聽嗎？

☐ 你們是否都一致同意某種標準並且能讓對方究責？
　如果可以，把標準寫下來。

❖ (2) 與父母的關係

與你的父母保持
美好的關係。他
們都為你們高
興，也希望參與
其中，讓你們的
婚姻有一個好的
開始。孩子長大訂婚之後，父母對他們的期望會與比
較小的孩子不同。

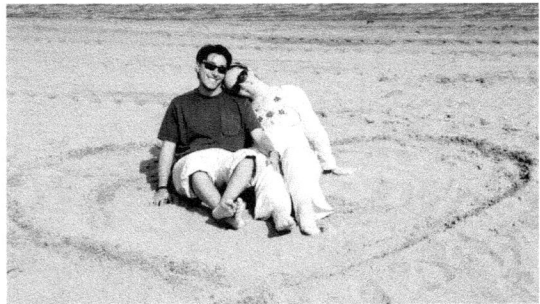

準新人如果比較年輕，父母對他們的期望會比較帶著
命令：幾點之前要回到家，必須清楚交代行蹤等等。

因為準新人其實仍然是家中的兒子或女兒，他們應該要瞭解父母的期望並盡力做到。

如果你不同意他們的要求，別生氣。首先，要記得這只是暫時的。第二，把他們的要求想成是你在完全獨立生活前上帝所給你的特殊建議。

不要只去了解他們所說的，同時也要想為什麼他們這樣說。問問他們：「為什麼你覺得這件事這麼重要？」問這樣的問題是要瞭解他們的價值觀，而不是要說服他們改變心意。這是「尊榮父母」的一種方式（以弗所書六1-3）

• • • • ●●●● • • • •

☐ 把你與父母或者準岳父母（公婆）可能發生的問題逐一列出。

☐ 你有處理以上問題的行動計畫嗎？

❖ (3) 獨特機會

訂婚時期是一段可以幫助你們正確起步的美好時光。我所說的是你們兩人可以在這段期間建立關係，一起參與教會活動，花時間相處，面對壓力等等，這些會塑造將來你們的婚姻關係。

當我與那位最特別的女孩相遇並訂婚的時候，我們經常會有讀經與禱告的時間。我們使用我們在一起的時光來確認我們所建立的價值觀是合乎聖經標準的。當訂婚的時候，一個人的心比較柔軟，容易被塑造。禱告的習慣以及尊崇上帝的價值觀將很容易帶進你未來的婚姻中。

沒有任何夫妻永遠都不吵架，但是他們可以建立相近的價值觀。這段時期可以檢視你所重視的是什麼，並且確認你們兩人的價值觀都符合聖經。這會大大的保護並祝福你的婚姻。在結婚之前你越多在這些方面努力，婚後就越少起衝突。

比方說，如果你的未婚夫（妻）認為必須要參加每一場教會的聚會而你卻不認同，那麼最好現在就說出來。你可以問「為什麼參加每一場聚會對你而言這麼重要？」在這個價值層面上詳細瞭解彼此。否則，在訂婚時期你可能願意容忍對方參加每一場聚會，但是婚後會變成一個問題。這可以應用在生活中各層面。

不要懼怕衝突。去明白你們兩人不同的價值觀為何。查考聖經以瞭解我們應該重視哪些東西。或者去瞭解從不同角度去看同一種價值觀會產生何種差異。

• • • • • ● ● ● • • • •

❏ 訂婚時期是一個獨特時光。你們有沒有什麼特殊計畫來幫助自己加深與上帝的關係或者對彼此的關係？如果有，要怎麼做？

❏ 有沒有一些事情是你的未婚夫（妻）很感興趣而你卻沒有？你有沒有問他（她）為什麼你對這件事這麼有興趣？

❖ (4) 有智慧的生活

已訂婚的夫妻可以共同經歷美好的時光。你們所做或所不做的事情會影響往後的婚姻，包括：如何消費，例如是否常常外食、是否常常看電影等等。

如果在訂婚時期，兩人常常花很多錢約會，你們婚後可能會繼續這樣的模式。最好在訂婚階段你們就能以兩人都同意的生活方式來生活，以避免在婚後對於婚姻生活產生不切實際的期待。如果你奉獻很多給宣教工作，一定要讓另一半知道。

我們來看另一個例子。如果你們在婚前習慣天天晚上在父母家看一場電影（不要兩個人在自己所住的地方單獨看—想想上面所提的標準）。目前這樣做應該沒問題，因為你重視與對方相處的時光。但是結婚以後呢？繼續維持這樣的習慣嗎？

或者你現在正在考慮是否每週要奉獻一個晚上去做上帝給你感動去做的某件事情。預想上帝對你的生命未

來有什麼計畫。把這些期待與另一半分享，使他
（她）也可以預先設想這對未來的生活會有什麼影
響。

· · · · ● ● ● ● · · ·

☐ 你們是否有開誠布公的討論在這段訂婚期間肉體接
　觸的標準？你們能否都說說你們覺得可以做的事？
　另一個人有在仔細聽嗎？

☐ 你們是否都一致同意某種標準並且能讓對方究責？
　如果可以，把標準寫下來。

第三課：做智慧的決定

基督徒婚前輔導手冊

預備二人成為一體

夫妻兩人必須正面的使用聖經來引導他們的對話與做決定。他們會有不同意見，但是應當互相尊重。他們應當以神的話做根基來瞭解為什麼另一半會做出這樣的決定。

時間分配：

- 討論作業（**5-20分鐘**）

  ➡ 上週是否有填任何表格？
    （現在討論或者在上課中討論）

  ➡ 他們有沒有研讀指定書籍？
    有看到任何有趣的地方嗎？

  ➡ 是否有一起讀經禱告？

- 討論第三課講義（**60分鐘**）

  (1) 事先計畫
    別讓準新人措手不及。向前看，在他們未來的婚姻中會有充滿壓力的時期或者有時需要做困難的決

55

定。他們需要好好禱告與討論。要記得他們才剛開始深入的彼此認識。

(2) 處理誤解

依照問題的嚴重程度，可以歸類為普通與嚴重兩種。討論夫妻之間應該如何處理彼此的矛盾。當有一方冒犯另一方時，應該怎麼做？當你冒犯對方時，你該做什麼？

(3) 大聲念出來並且解釋

大聲唸出講義上面所說「我們所說的話...」（淺藍色方框）

(4) 討論家庭生育計劃（請參閱講義第二頁）

這個主題很適合再本課程討論，而不該留到新婚之夜再來思考。聖經很清楚的告訴我們神要藉著孩子來祝福每一個婚姻。在歷史上，以前的教會並不接受「節育」這樣的說法，他們認為這樣的作法是不道德的。把最後一個段落當作本次的作業。如果你希望閱讀更多相關資料，可以看這裡： http://www.foundationsforfreedom.net/Topics/Family/Parenting030_Birth_Control.html

• **分享代禱事項並以禱告結束（10分鐘）**

• **作業**

(1) 在家中討論家庭節育計畫，並觀察自己是否有能力來討論這個重要事項。

(2) 按照預定進度，繼續閱讀指定閱讀書籍的下一章。

(3) 為了下一課，在家裡先填好以下的表格。在下次開始上課前把表格交回。
   • 理財觀念: pdf ｜ docx
   • 婚禮預算: pdf ｜ docx
   • 婚後第一年預算: pdf ｜ docx

講義: 做智慧的決定

基督徒婚前輔導手冊

預備二人成為一體

如果我們正確的治理家庭，我們對於家庭的使命聲明與指導原則會幫我們省去許多麻煩。然而，當環境改變時，我們仍需要常常保持討論並且針對變化的環境做新的決定。

❖ 以智慧的決定為未來制訂計畫

- 分辨主題

    ➡ 財務方面、生育計畫、
      姻親關係

- 溝通想法

    ➡ 別預設你的另一半自動會知道
      你心裡所想的

- 對於困難的決定，討論該如何具體實行

➡ 討論以下這個說法：「所有的衝突都是來自於
　權威的問題」

➡ 你同意嗎？為什麼？

❖ 採取有智慧的步驟來處理誤解

・ 典型的衝突

➡ 你得罪了你的配偶

➡ 你的配偶得罪你

・ 突然爆發

我們所說的話表達我們的內在情況

・ 錯誤的話語就像是在打仗時所受的傷一樣。人們常常用言語
　操縱他人。

・ 在適當時機說適當的話語是很美的。這些話能傳達真實的想
　法、感受與情緒。只有在一個人的心被愛所驅動，並且敞開
　的活在上帝的面前，他（她）才能夠做到這一點。

・ 遮掩罪過的行為不只發生在我們與上帝之間，也發生在我們
　對於自己與配偶的關係。罪會在我們的關係中產生帕子，導
　致關係出現障礙，激發彼此之間許多誤解。

・ 真心按照上帝的心意生活的人是謙卑的，他會饒恕人而不會
　責備或者控告。他們會建造別人而非在人面前自顯為義或只
　想著滿足自己的需求。

❖ 家庭生育計畫

- 對於生小孩一事，通常大家的想法是如何的？

- 對於這件事，聖經是如何說的？

「你妻子在你的內室，好像多結果子的葡萄樹；你兒女圍繞你的桌子，好像橄欖栽子。看哪，敬畏耶和華的人必要這樣蒙福」(詩128篇3-4節)

「兒女是耶和華所賜的產業；所懷的胎是他所給的賞賜。少年時所生的兒女好像勇士手中的箭。箭袋充滿的人便為有福」(詩127篇3-5節).

- 我們是否應該管制孩子何時到來？

- 節制生育是合乎道德的嗎？當我們選擇如此做的時候，我們向神、向自己的孩子展現什麼樣的心態？

❖ 你同意上帝所說的話嗎？

- 你對於生養小孩的看法？

- 你對於節制生育的看法？

理財觀念

丈夫	#	以下哪些價值觀對你而言很重要？ 自由勾選: '1'代表不同意，'3'代表不重要，'5'代表重要，'7'代表很重要	妻子
1 3 5	1	買超過台幣1500元的東西時，應該與配偶討論	1 3 5
1 3 5	2	絕對不可欠債	1 3 5
1 3 5	3	為了省錢，買二手車即可	1 3 5
1 3 5	4	按照財務預算過生活	1 3 5
1 3 5	5	定期什一奉獻（把收入的十分之一奉獻給神）	1 3 5
1 3 5	6	為了避免過高房貸，盡量存錢以致於可以付至少30%頭期款	1 3 5
1 3 5	7	應當為自己投保人壽保險	1 3 5
1 3 5	8	應當儲存度假基金	1 3 5
1 3 5	9	夫妻應該在銀行開聯名帳戶	1 3 5
1 3 5	10	夫妻兩人都應該有自己的零用錢	1 3 5

1 3 5	11	為了省錢，應當盡量把室內中央空調溫度調低一點（譯註：在美國冬天，一般家庭都會開暖氣，室內的溫度通常可由調溫器控制。如果空調溫度低一些可以節省暖氣費用）	1 3 5
1 3 5	12	應當為家人投保醫療保險	1 3 5
1 3 5	13	需要購買最新型的3C產品	1 3 5
1 3 5	14	每期信用卡的帳單不需要全部繳清	1 3 5
1 3 5	15	額外奉獻給宣教士或者資助窮人	1 3 5
		在下方列出對你而言很重要，可是上面沒有列出的價值觀	

請注意：請勿在討論前事先預設以上所列出的想法是對或錯的

婚禮預算

進你所能去預測你的收入以及婚禮將會有的花費。如果你在別的場合已經做好預算，沒有關係。不過要記得你應當提早做好計畫，並調整你的期待。

婚禮儲蓄計畫

丈夫 _____ (包括為籌備婚禮的專屬儲蓄，同事預計給的賀禮等等)

妻子 _____ (包括為籌備婚禮的專屬儲蓄，同事預計給的賀禮等等)

雙方家人 _____ (包括雙方家人會給的現金或者實物)

其他 _____

以上收入總計 _____

支出 (我們的目的是計算在婚禮以及蜜月中所有重大的花費，避免重複計算)

場地費 _____ (包括婚禮場地、喜宴、帳棚等等)

禮服 _____ (包括所有需要付錢購買的，包括新郎與新娘的禮服)

婚禮 _____ (包括給牧師的費用、邀請函、蠟燭等等)

食物 _____ (包括喜宴、點心、飲料等等)

戒指 _____ (包括戒指與首飾等等)

照片　　_____ (包括聘請拍照或攝影人員費用)

鮮花　　_____ (包括鮮花以及禮堂布置)

旅遊　　_____ (包括所有旅遊花費)

雜項　　_____ (包括所有上面未提及的事項)

蜜月　　_____ (包括度蜜月所有花費)

其他　　_____ (其他開支)

支出總計 _____ (將以上項目加總)

總收入	_____
總支出	_____
餘額	_____

在這裡寫下你的結論：

_____

比起為了舉辦昂貴的婚禮欠了一屁股債，以致於之後需要還債，舉辦一個花費較少的婚禮是更好的選擇。

婚後第一年預算

盡你所能預估婚後第一年的收入與開支。若有需要則進行調整。

收入

工作 ＿＿＿＿＿＿＿＿＿＿ (包括夫妻雙方)

禮物 ＿＿＿＿＿＿＿＿＿＿

其他 ＿＿＿＿＿＿＿＿＿＿

　　　以上收入總計 ＿＿＿＿＿＿＿＿＿＿ (總收入)

　　　預計可儲蓄 ＿＿＿＿＿＿＿＿＿＿ (儲蓄總額)

支出 (我們的目標是要估計婚後第一年的主要花費。避免重複計算)

住房 ＿＿＿＿＿＿＿＿＿＿ (房租、房貸、房屋稅等等)

水電雜支 ＿＿＿＿＿＿＿＿＿＿ (水電費、瓦斯費等等)

個人性雜支 ＿＿＿＿＿＿＿＿＿＿ (電話費、網路費、第四台等等)

交通費 ＿＿＿＿＿＿＿＿＿＿ (公車、計程車、機票、加油費、停車費、保養費等等)

食物 ＿＿＿＿＿＿＿＿＿＿ (所有吃的東西)

特殊生活方式 ＿＿＿＿＿＿＿＿＿＿ (衣物、外食、旅遊等等)

保險 ＿＿＿＿＿＿＿＿＿＿ (人壽、醫療、汽機車等等)

稅務 ＿＿＿＿＿＿＿＿＿＿ (所得稅以及所有相關稅務)

貸款 ＿＿＿＿＿＿＿＿＿＿ (助學貸款、個人信貸、其他貸款（房貸除外）)

學費 _____ (學校學費、補習班等等)

捐贈 _____ (送禮給朋友、奉獻給教會等
等)

其他 _____ (搬家、制服、家具、買車、
機車等等)

總支出 _____ (將以上項目加總)

總收入 _____		**儲**
蓄 _____		
總支出 _____		**負**
債 _____		
餘額 _____		

在這裡寫下你的個人觀察心得

_____

_____

第四課：處理財務

夫妻常常為了金錢而爭吵。如果他們想單憑自己的想法做決定，其實也沒關係。丈夫仍然可以這樣做（太太應該要理解並欣賞他），但如果他沒有諮詢過太太的意見，代表他並不聰明。之所以要讓二人成為一體是要讓他們得到更多的智慧。

進入到幾個比較敏感的領域。看看他們二人是否都委身於什一奉獻、他們如何使用信用卡、負債的情況如何等等。要記得這一課的根基是第三課，也就是要以良好的溝通做智慧的決定為基礎。財務是他們可以好好討論的另外一個領域。

通常我會利用婚前輔導的這幾堂課的時間幫助準新人討論幾個敏感議題，好讓他們結婚之後不會被某些事情嚇到。我寧願他們知道這些事情之後進入婚姻，也不要在他們結婚之後才發現事實的真相而憎恨對方。

這是一個討論未來家用預算、蜜月旅行以及婚禮預算的好機會（請參閱表格）。能夠先檢視他們是否有思想過未來1年生活的花費，是一件好事。

準新人不應該為了婚禮而負債，這只會為未來的婚姻帶來更多壓力（當然，這也不合適）。準新人應該滿足於他們目前所有的，並按照自己所能負擔的財力過生活。購買過多自己的財力所能負荷的東西是貪婪與拜偶像的象徵（以弗所書五5）

在上課前就先把表格發給他們以節省時間，這也能讓他們有更多時間來好好討論。他們應該兩人獨自完成表格，之後再來比較並討論。

時間分配：

- 討論作業（**5-10分鐘**）
  ➡ 有閱讀指定書籍嗎？有讀到任何有趣的地方嗎？

- 分發第四課講義並且討論（**60分鐘**）**-處理財務**
  ➡ **處理財務指南**
    逐一討論完這些重點
    建議他們讀Ron Blue, Larry Burkett 或者 David Ramsey的書。

  ➡ **關於財務的問題**
    討論表格：理財觀念

➡ **討論婚禮預算表**
檢討他們的婚禮預算表。用裡面的內容給一些具體的建議。如果他們的花費在預算內，我就會繼續往下。規則是：如果你沒有足夠的錢，就不要亂花。建議他們一些別的替代方案，辦個簡單的婚禮。

➡ **討論婚後第1年的生活預算**
檢討婚後第一年預算表。有沒有什麼令人擔憂的地方？
幫助他們看到潛在的問題與困難。

• 以分享代禱事項與禱告做結束（**10分鐘**）
• 指派作業
  ➡ 花時間討論任何需要繼續深入討論的財務議題。

  ➡ 按照預定進度，繼續閱讀指定閱讀書籍的下一章。

  ➡ 發放你想要使用的人格測驗問卷。我們建議你使用比較簡便型的，例如Tim Lahaye所著*"Your Temperament: Discover Its Potential?"*此書中第93-94頁的表格。你可以影印這個表格然後發送給準新人。一份圓形表是給一個人做自我評估使用，另外兩份是讓別人來評估自己（一份給你的配偶，另一份給你的一個好朋友）

如果你自己能先把這本書讀過，那就更好了。你可以要求準新人也去買一本來閱讀。有些牧師喜歡比較複雜又貴的測驗。如果你喜歡也可以用。我自己比較喜歡簡單的版本，可以在節省下來的時間裡引發多一點的討論。Tim Lahaye有在他自己的網站(timlahaye.com) 裡面提供更昂貴的版本。

講義: 處理財務

有些人相信錢財能帶來幸福美滿的婚姻。他們大錯特錯。這是屬世的物質主義的教導,相信人生的主要目標就是滿足自己的需求。這是拜偶像的思想,讓人把自己的信心建立在獨一真神以外的事物。

❖ 幾個關於財務的指導原則

- 在1985年,家庭負債對於可支配所得的比率達到了二戰後新高 (88%) ,在2006年甚至達到 129% (USA)。

- 負債使你在往後的日子必須以較低的生活水平過日子

- 聖經沒有說上帝有義務幫我們把債務還清

- 債權人會盡可能的把風險轉嫁給債務人

- 你可以隨心所欲地花錢，但只能花一次

你相信嗎？財務觀點上的不同往往是婚姻裡的主要問題

- 你是否有學過如何在財務需要上仰望神的供應？

- 你對保險的看法如何？

- 你對儲蓄的看法如何？

- 有一種保證高收益的投資，就是把所有高利息的負債還清

- 把收入的十分之一奉獻給上帝是做基督徒的基本要求而非最高要求

- 單單發送信用卡給潛在客戶就有可能讓他比平常多花34%的錢

❖ 幾個關於財務的問題

「別擔心，寶貝，我會處理的」

- 你需要訂預算嗎？

  ➡ 你對於遵守預算的彈性有多大？

  ➡ 預算的目的為何？

- 由誰負責管理財政紀律？

  ➡ 這樣的運作有問題嗎？

- 以欠信用卡卡債的方式或者分期付款的方式來買東西，你的看法為何？

第五課：了解兩性差異

基督徒婚前輔導手冊

預備二人成為一體

我們已經討論過如何做決定以及化解衝突的方式，但是如果我們能更深入了解為何我們的配偶常常與我們有不同意見，會對日後的生活更有幫助。畢竟，如果準新人希望有美滿的婚姻，他們必須學會彼此欣賞，並且以正面的態度看待對方。藉由了解男女個性上、恩賜上以及成長背景的差異，我們會更能欣賞為什麼我們的配偶與我們大不相同。

有些輔導員比較喜歡用昂貴而複雜的心裡測驗。我發現，有時候當我們花了許多的金錢、時間在材料上，最後卻可能錯失了重點。我們應該強調藉由更瞭解每個個體在婚姻中的獨特的貢獻，使得我們更欣賞另一半的不同。他們應該認知他們彼此需要。（這也是為何聖經中記載了關於亞當給地上各種活物命名的故事）

了解未來配偶能夠奇妙的補足自己的缺乏，再加上彼此委身，可以激勵兩人更加努力的彼此深入瞭解。有些人比較習慣用更複雜的測試機制來彼此瞭解，如果你們是這樣，就去做吧！只要記得把焦點放在本課的主題上。

Tim LaHaye 在他所寫關於怒氣的書"*Your Temperament: Discover Its Potential*"裡面有提供相關的表格。在上課之前，準新人應該從老師那裡拿到表格並且填寫好。統計最後的結果不會花太多時間，但是能幫助他們對於裡面的每個重點有一個大致的瞭解。

讓準新人們看到兩人有多大的不同也能夠幫他們確認潛在問題。從正面角度來看，如果兩人互相欣賞，那麼彼此都能善用對方的恩賜。鼓勵準新人去買這本書並好好閱讀。

　我如何統計最後的結果？我把每個象限裡面的分數加總，忽略三分以下的得分。每次有四分就累計一點，五分則記兩點。這可以幫我們看出在每個領域裡面的優點或缺點，以及與配偶相比較後的優缺點。我會專注於他們表現比較好的兩個象限，但也會嘗試找出某些可能會導致問題的缺點。

時間分配：

- 討論上次作業（**0-10分鐘**）
  - ➡ 對於如何處理財務的問題，是否還有什麼需要討論的？

  - ➡ 他們是否仍有一起讀經禱告？

- 發放第五課講義，並討論（**75分鐘**）-了解兩性差異
  - ➡ **了解兩性差異的目的**
    幾個原因：提醒他們由於個性上的差異可能會導致的潛在問題，並教導他們欣賞對方的獨特恩賜

  - ➡ **了解我們的差異**
    如果沒有正確欣賞配偶，彼此的差異的確會造成問題。畢竟，未來日子我們必須跟他（她）共同生活。

  - ➡ **講述並討論表格**
    花時間討論對於這份表格的觀察並回答他們提出的問題。把你的觀察與前兩個重點整合。

  - ➡ **需要建立彼此委身**
    彼此委身的承諾可以將夫妻兩人牢牢地繫在一起，這是婚姻中最重要的部分。兩人都必須無條件的愛對方。以共同閱讀哥林多前書13章4-8節做結束。

- 以分享代禱事項並禱告做結束（**10分鐘**）

- 指派作業

  ➡ 按照預定進度，繼續閱讀指定閱讀書籍的下一章。

  ➡ 要求他們在這一週以積極正面的方式為對方代禱。這樣禱告可以幫助他們在了解彼此優缺點之後互相建造，並得到上帝的祝福。

講義：了解兩性差異

基督徒婚前輔導手冊

預備二人成為一體

❖ 了解兩性差異的目的

- 不是為了驕傲。我們不是互相競爭而是互補

- 不是為了佔對方的便宜。那不是真愛。

- 不是為了羞辱對方。我們需要來鼓勵另一半。

❖ 了解我們的差異

- 我們的態度。可以改變嗎？

差異

- 我們的價值觀。可以改變嗎？

- 我們個人的需要。可以改變嗎？

- 我們身為夫妻的責任。可以改變嗎？

• 我們身為男生和女生的差異。可以改變嗎？

• 我們內在的脾氣。可以改變嗎？

❖ 我們的承諾：藉由了解我們的差異進入更美的境界

• 瞭解神透過我們的差異做工

• 謙卑屈膝在造物主面前，求祂賜下恩典保守我們持續委身

• 瞭解你的使命：建造另一半

   ➡ 靠神的恩典堅固自己

   ➡ 建造你的伴侶

愛是恆久忍耐，又有恩慈；愛是不嫉妒；愛是不自誇，不張狂，不做害羞的事，不求自己的益處，不輕易發怒，不計算人的惡，不喜歡不義，只喜歡真理；凡事包容，凡事相信，凡事盼望，凡事忍耐。愛是永不止息。先知講道之能終必歸於無有；說方言之能終必停止；知識也終必歸於無有。

（哥林多前書十三4-8）

第六課：探索親密關係

基督徒婚前輔導手冊

預備二人成為一體

最後這一課主要是把前面上過所有課程的重點結合在一起。到目前為止，輔導員應該對於準新人的優點與弱點有清楚的了解。要鼓勵準新人正確的面對問題，使他們將來有美滿的婚姻

對於性愛這件事，我們的文化常常灌輸我們錯誤的觀念。有時候在教會也是一樣。在本課程中，我們想傳達的是，在正確關係之中發生的性愛是美好且可愛的。當我們在檢討主要問卷的時候，我們應該能夠立即發現有哪些顯著且必須解決的問題。如果真的有，我們應該盡早把問題提出來。

比如說，準新人可能會分享他們彼此之間的親密關係，或者他們與其他人過去所發生的親密關係。或許有些人有性病的問題。這些問題必須要在結婚之前好好處理。因為婚姻是建立在親密關係上，沒有人能夠隱藏這些重要問題而仍然有美好的婚姻。

如果在結婚前就坦承這些問題，準新人仍然有機會了解未來的伴侶以前是什麼樣的人，結婚之後也不會有悔恨。（仔細觀察在「婚前輔導問卷」中打紅色旗標的問題）男女雙方都應該以童貞的狀態獻給對方。如果他們過去有交過別的男女朋友，但是沒有發生性關係或者太過親密的愛撫，我自己不會強迫他們說出過去的事。

這一堂課延續了前一堂課所討論的男女不同的議題。男人與女人對於性的需求、性的反應以及表達都大不相同。可以對男方強調慢慢來的重要性（培養浪漫氣氛）。

通常，當上到最後一課，已經離婚期很近了，因此我會最後一課稍微短一點，並且不要介入太深（除非有必要）。我會跟他們說，如果有必要的話，可以在任何時間找我們深入的談。

時間分配：

* 討論前次作業（**5-10分鐘**）

  ➡ 這次上課時準新人應該已經讀完指定書籍。整體而言有何感想？（在書的後面有討論用的問題，如果有需要可以拿來用）

  ➡ 確認他們對於蜜月旅行已經做好安排。

➡ 討論婚禮的籌畫。

➡ 討論並計劃婚後第一年的婚姻輔導課程。

- **分發第六課講義並討論（50分鐘）—探索親密關係**
  ➡ 解釋上帝用婚姻與性愛表達二人合一的觀念。上帝設計這兩者以一種神秘又美好的方式相輔相成以達成目的。

  ➡ 警告他們在我們的流行文化中對於性愛的過度強調。不要用色情影片或過度刺激感官的電影來激發性需求。性愛不只是兩人躺在一起。我們需要花時間經營美好的關係。

  ➡ 找出兩人對於浪漫的定義的差別。這項工作延續了上一課對於男女不同的探討。當討論到浪漫的時候，有些項目可能會難以啟齒，我們應該勇敢說出那些應該討論的事。

  ➡ 當準新人成長於一個大家庭，通常兩人的差距不會太大。但是如果男方的原生家庭沒有姐姐和妹妹，可能會有大問題。討論一下女性的生理期，以及男生應該在這段期間發揮耐心等待。

➡ 從我們提供的範例裡面挑幾個你認為對於準新人可能發生問題的領域。也可以從自己的經驗中分享一些範例。

➡ 如果還有時間，討論一下講義第三頁「培養敬虔的後裔」。

• 以分享代禱事項與禱告做結束（**10分鐘**）
• 指派作業

➡ 如果還有需要，可以規劃額外的輔導時間。告訴他們在未來的十個月內，你還需要再跟他們見一次面。把這件事記錄在你的行事曆上。

➡ 看看準新人對於婚禮或者蜜月有沒有什麼特殊的問題。

➡ 如果時間不夠，指派一些對他們可能會有幫助的作業，例如「親子教養」的題目。在這方面我們有很棒的兩本書可以做為教材。

*以敬虔的方式展開家庭的新生活

「以敬虔的方式展開家庭的新生活」幫助父母從一開始就把事情作對，書中對於懷孕前、生產以及產後都有實際的建議，並提供閱讀材料。有講義以及插畫來描述如何對嬰幼兒做早期訓練。這些內容都是包牧師及師母在養育八個孩子的過程中所學到的寶貴經驗。

*聖經中的教養原則

此書的中心思想其實很簡單。上帝是家庭的設計者，我們應該照祂的方式養育子女。我們不是專家也不是完美的父母。我們過去的失敗使我們學會謙卑。我們確信的是，當我們把神話語中的原則應用在家庭生活中，祂能將任何破碎家庭恢復為原本榮耀的形象。這本書不單單說明在培育敬虔家庭的事情上，上帝說了什麼，也解釋了為何上帝的原則是很實用的。包牧師和師母在養育八個孩子的漫漫長路中有許多實際的經驗與案例。

我們也希望你能幫助我們推廣這本書「建立美滿婚姻」。此書使我們瞭解，婚姻具有自我修復的能力。裡面所提供的討論問題可以讓夫妻們有機會深入討論與彼此代禱，建造他們的婚姻。

講義: 探索親密關係

基督徒婚前輔導手冊

預備二人成為一體

神把你們兩人託付給對方。你與配偶真誠的愛情會幫助你們在生理上逐漸彼此適應。要記得，只有當你們對彼此的愛更加深的時候，肉體的親密關係才會成長。別讓一些小事阻礙了你們的合一（歌林多前書七3-5）

他　身體上　魂　心思　情感上　靈　意志　她

性關係中的合一

就像其他的慾望一樣，性愛的慾望應該降服在你的意志控制，以及神的旨意之下，否則，你會受它的控制並感到挫折。

❖ 獨特的不同

上帝把男人與女人設計得非常不同。男女外表上的差異可能掩蓋了他們在心智上對許多事情的認知的更大

差異。為了享受彼此的關係，你們需要深入瞭解這些差異、欣賞上帝所給的差異，而非嘲笑對方或者拒絕接受。

丈夫與妻子常常想法不同，處理事情的方法也不同。你們需要用婚後第一年（也有人說是你的一輩子）來學習、接受、珍惜這些內心深處的不同。否則，有落差的期待會使兩人感到挫折，性愛的關係會成為緊張壓力的來源，而非喜悅。

❖ 對於性愛的差異

一般來說，女人通常比較柔軟、圓潤、柔順，而男人比較粗野，有稜角，比較強硬。女人通常比較注意周遭環境，而男人比較專注於達成目標。男人偏好眼睛能看到某些東西，焦點在身體上。女人對於觸覺以及話語比較敏感，重視周遭的事物，甚至白天的瑣事也會造成影響。

在做愛的時候，通常男人是發起者，非常專注，不容易分心，很容易興奮。然而，女人則是被動的反應者，很容易分心，需要比較久才興奮。男人的高潮通常是短而激烈，女人則是比較長。女人沒有高潮也可以滿足，而男人卻很少可以。

婚姻
與
親密關係

❖ 常見的問題與解答：

• 丈夫常常只注重太太外在的美麗，以致於常常忘記照顧太太其他方面的需求。

   解決方法：慢一點，要有耐心，學習多花點時間享受你的妻子。

• 當妻子變得冷漠，對先生沒反應，撒旦就開始引誘男人去看別的地方。

   解決方法：男人必須記住：帶著情慾的眼光看別的女人是犯了姦淫的罪（馬太福音五28）。你需要把這件事看為是神在教導你用忍耐與理解來愛你的太太的機會，即使犯錯的是太太。

• 妻子可以用做愛來控制丈夫，或者教導他一些事情。

   解決方法：雙方共同努力，帶著祝福的心態。上帝要我們愛對方而非報復（帖撒羅尼迦前書五13）。絕不要用性愛當工具來操縱對方。當你生氣時，盡全力想辦法解決這些問題。要多禱告。

• 男人與女人都有可能忽略對方的性需求，以及情感上的
需求。

　　解決方法：對性的需求可能因許多外在因素而改變。心
　　裡有擔憂、彼此關係發生問題、生了小孩、荷爾蒙變
　　化、工作忙碌等等都會造成影響。找時間兩人好好討
　　論、禱告，花時間在一起。坐下來好好談談可以幫助解
　　決問題，重建情感上的合一，但是男人常常會忽略這件
　　事的重要。

❖ 養育孩子

**很多教會也跟隨著社會的潮流，離開聖經的根基。只
有神的話語能帶來盼望、力量、真愛與智慧，使我們
養育敬虔的後代。**

• 雖然性愛是很美妙的，這種感覺卻不該是兩性關係的焦
點。性是為了表達與發展兩人的親密關係。因著這樣的
親密關係，你們的孩子可以來到世間（參閱詩篇133篇、
約翰福音十五8）。神把家庭關係設計成這種令人愉悅的
方式來延續祂的工作。

• 有小孩是很棒的！孩子不是重擔，是神所賜極大的祝
福。他們幫助父母親進入一段需要負責任的關係，在這
個關係中，父母需要被訓練成為愛人、照顧人的人。當
自我中心的生活方式被放下之後，他們可以加速進入成
熟。

• 墮胎是非常糟糕的一種展現自私的行為。在上帝的眼
中，這永遠是不合法的。而使用墮胎所拿到的胚胎組織
去從事營利行為，是取之於被謀殺的受害者。這是現代
版的食人族行為。

- 訓練孩子成為敬虔不是主日學老師的責任，也不是基督教學校或者牧師的責任，而是父母親的責任。訓練過程必須包括每日以身作則，以及正確的教導（申命記第六章）。

- 父母必須糾正孩子的行為。這個過程需要前後一致、溫和但是堅定的態度、清楚的教導以及明確的懲處。他們應該讓孩子在展現出邪惡的本性的時候感到痛苦，而展現出自制的能力時感到快樂。希伯來書十二章告訴我們，如果父母親不管教孩子，就代表他們並不愛孩子。

- 懷孕並非一種生病的狀態，雖然生小孩的過程通常發生在醫院。上帝精心設計這個偉大的過程，它的美麗是其他事物難以相比的。餵母乳比用奶粉更方便也更好。職業婦女通常有太多壓力，以致於沒辦法照顧到小嬰孩的每一個需求。沒有任何機構可以取代母親的陪伴。

- 不要寵壞你的孩子。當他們拿到的東西太多而缺乏感恩的態度時，他們無法發展出對上帝、對父母以及其他人的感恩的心。記得，有禮貌並不代表有感恩的心。

- 上帝會看顧你的需要。別讓錢財阻擋了你對上帝的敬拜。憂慮是一個記號，象徵你懷疑上帝會照顧你。上帝沒有保證祂會滿足你所有的「期待」，但是祂對你的供應會充足的完成祂美好的旨意。

- 我們應當把家庭看成一個「小教會」。父親應當負起責任，在家中宣告神的真理，並帶領其他人敬拜與順服神。父親就像家裡的牧師，應當尋求神的恩典以得著智慧與韌性。全家每個人都應當參與在這個「身體」之

養育孩子

中。做家務事代表他們在這個群體裡面應當提供的服
務。

附錄一：可下載的資源

這裡提供讀者多種檔案格式，並可以免費下載。

➡ pdf: 很適合閱讀以及印刷

➡ docx: 適合用Microsoft Word來編輯

➡ Epub: 需要用epub閱讀器（例如iPad裡面的iBook）來閱讀

課前預備

規劃婚前輔導時程表: pdf | excel

婚前問卷: pdf | doc

#1 上帝對婚姻的設計

講義 #0: 建立屬靈的根基 pdf | doc | epub

講義 #1: 上帝對婚姻的設計 pdf | doc | epub

#2 溝通的原則

講義 #2: 溝通的原則 pdf | doc | epub

表格: 探索你的價值觀 pdf | doc

表格: 探索你心中的期待 pdf |doc

#3 做智慧的決定

講義 #3: 做智慧的決定 pdf | doc | epub

閱讀與問題討論：給已訂婚的準夫妻的建議 pdf | doc | epub

#4 處理財務

講義 #4: 處理財務 pdf | doc | epub

表格: 理財觀念 pdf | doc

表格: 婚禮預算 pdf | doc

表格: 婚後第一年預算 pdf | doc

#5 了解兩性差異

講義 #5: 了解兩性差異 pdf | doc | epub

#6 探索親密關係

講義 #6: 探索親密關係 pdf | doc | epub

可以免費下載:

http://www.foundationsforfreedom.net/dll/Chinese/Premarital/
Forms_cht/Forms_cht/cpcguide.pdf

附錄二：在結婚前做智慧的決定

在結婚前 做智慧的決定

一個人如何根據上帝的旨意建立美好的婚姻？以下是某個人的問題：

> 「您好，我名叫 Heidi. 我與一個很棒的男士訂婚了，他名叫Peter, 我們想要遵照上帝的旨意建立婚姻關係並且在我們生活中把神放在第一位。我們知道您非常忙碌，因此不會佔用您太多時間。您能否提供我們這方面的線上教材讓我們可以閱讀？對於您所提供的任何幫助，我們都非常感激。願上帝祝福您以及您的事工。奉耶穌的名祝福您！」

想要在我們的婚姻中活出上帝的旨意，讓我們來看五個重要的領域。我們所在意的是如何建立正確的婚姻基礎，以建造一個美好的家庭，討神喜悅。上帝的道路永遠是最好的！讓我們好好省察我們生命中這幾個領域，看看有哪些事應該好好處理。以下列出五個重點，以及後續的深入討論問題。

1● 決定：分辨神為你預備的配偶

我們必須與神要我們結婚的對象結婚。細節可能有點複雜，但這是值得我們花時間徹底思想的。畢竟，未來你的一生都會處在已婚的狀態下。這個選擇決定了你往後的人生需要去愛誰以及聽從誰。

2● 預備：讓你的心準備好

當你決定好要跟誰結婚，接下來你需要預備自己進入婚姻。這不是在講如何預備婚禮，主要是說預備自己的心。上帝希望你好好用這段時間處理你生命中的主要問題，免得這些問題在日後的婚姻生活中帶來痛苦與挫折。

3● 計畫：建立以基督為中心的家

當然，我們需要按照婚姻的設計師所設計的方式來打造我們自己的婚姻。我們需要花時間定期與祂親近，以明白下一步應當怎麼做。我們需要在生活中建立所需要的紀律以實踐祂的計畫。

4● 團隊合作：同心合意

婚姻是一個團隊合作。丈夫與妻子兩人不單只是享受婚禮的美好，也當享受成為已婚狀態的美好。很多人

認同這件事，但是因為對於婚姻如何運作有錯誤的想法，以至於受到挫折。我們會告訴你正確的方式。

5● 異象：制訂未來的計畫

我們需要提早計劃。我們有可能因為忙碌於目前的瑣事，以致於沒有花太多時間思想如何打造未來美好的家。生活的壓力以及欲望都會引導我們走到錯誤的道路。我們需要在心中堅定持守未來美好的目標，這會幫助我們在今天做出正確的決定以達成最終計畫。

更深入的探討

我們現在對於以上所提的五個領域做更深入的探討。

1● 決定：分辨神為你預備的配偶

許多夫妻都想直接跳過這一步。我們好不容易發現有人如此深愛我們，以致於我們無法相信他或她並非是神所預備的。他是如此「美好」！即使是這樣，我們仍然應該敞開心胸面對「這是否是神所預備的」這個問題。請逐一探討以下內容。你絕對不會後悔的。

首先，你們兩人都是基督徒嗎？如果不是，那麼你們根本不應該約會、交往或者考慮結婚。你的問題顯示出你們兩人都是，但是其實很難說。我們個人的情感有時候很容易遮蓋從神的眼光來看問題的角度。

第二，你們二人的父母都同意你們的交往以及結婚嗎？同樣的，很多夫妻不願意順服父母的決定（雖然父母可能都不是基督徒），因此走差了路。上帝可以，也真的會透過非基督徒的父母來做工。我們絕不可因為這個緣故而輕忽父母或者神的作為。

> 「你們作兒女的，要在主裡聽從父母，這是理所當然的。『要孝敬父母，使你得福，在世長壽。』這是第一條帶應許的誡命。」*(以弗所書六 1-3)*

第三，檢視你們兩人是否在身體上、情感上以及屬靈方面都已經準備好進入婚姻。我們的父母有時在意識中，或者常常在潛意識中會思考這些事，但是在結婚之前，最好夫妻兩人也能夠好好檢視一下有哪些領域還需要努力。如果我們客觀的來看這些事情，會被激發出更好的生活紀律，以幫助我們達到目標。我們的父母並不清楚我們生活中的某些特殊領域。

我們必須對父母以及未來的配偶百分之百的誠實。我們必須清楚交代關於我們的財務（是否負債）、社會責任（是否還有其他女孩在等我們、其他性行為、或曾經離婚）、身體健康問題（是否有性病、癌症等等），或其他可能影響我們判斷是否合乎神旨意的因素。例如，我們的伴侶有可能是HIV陽性帶原者。這個問題將來會如何影響我們的生活？結婚前是否應該

先驗血？是否之前有過小孩？我們不希望有任何婚前隱瞞、婚後發現的事情。

第四，你們兩人在屬靈層面是否匹配？如果在屬靈層面，妻子比丈夫走得更前面，在未來婚姻生活中會有很多挫折。最好讓丈夫花一年的時間單獨親近神，離開訂婚結婚的壓力，在屬靈上成長。他可以在地方教會花時間好好服事主，也好好花時間讀經、背經、默想、禱告。為了成為好丈夫，他需要在婚前成為一個屬靈領袖。這不是說他必須要成為執事或長老，而是說他應該要愛主，並知道如何帶領其他人做門徒。

最後，兩人必須看看神是否把他們帶領到同樣的方向上。我們必須瞭解，女人主要是經由她的丈夫得到神的引導。一旦女人結婚，她的主要生活目標就是幫助先生成為更好的人，在神所呼召他的各方面都成為更加成功。但是如果在婚前，她感到神對她的生命有一個特殊的旨意，她應該仔細思想。有時候，這種使命會在結婚後與丈夫的生活中被實現。然而，讓一個女人獨自在心中藏著這一種掙扎是非常辛苦的。她應當找一些值得信賴的人去分享這些心事。

以上的種種問題都跟結婚的時機有關；另外有幾項則是與一個人是否應該結婚有關。那些真實尋求神旨意的人會願意把自己的婚姻當作甘心的祭獻上給神。他

們會選擇按照神的旨意來做，因為他們相信這是最好的。

我們要特別提醒，如果以上幾個方面被忽略了，那麼這個婚姻正建立在一個脆弱的基礎上。這是一個家庭的地基。如果他們不是在主裡結婚，這棟建築物如何能夠長得正直？如果答案不是絕不可能，至少是不容易。

2•預備：讓你的心準備好

一旦兩人知道結婚的確出於神的旨意，接下來他們應該各自努力除去生活中屬靈的問題。某些較嚴重的問題可能已經浮上台面。其他的可能還沒有。直到今天，我自己仍然在面對我生命中的某些以前未曾發現的問題。我這樣的態度污染了我的婚姻與孩子。

以賽亞書四十章1-5節提到一個門徒訓練的過程，我們在其中需要放下許多生活中不應該存在的東西。驕傲、苦毒、怒氣、不合等等，這只是簡單舉例而已。還有許多別的問題，例如負債會導致婚姻中很大的壓力，如果可能應當極力避免。別的問題例如：懼怕、焦慮、壓力、懷疑等等，這些會使我們無法持守住神在婚姻中要賜給我們的美善事物。

當準新人還在交往階段，討論這些問題時，往往他們會發現自己用錯誤的方式來回應，有時候他們會仿效

他們自己父母的錯誤的態度、言語或行為來回應。當準新人拜訪過雙方父母之後，這些事情會發生得更頻繁。他們應當列出一個問題清單，並且逐一處理上面的問題，在過程中兩人要為對方負責，保守秘密。在這個階段，男生最好不要把性的慾望太直接對女生說出來，最好能找一個牧師、自己的爸爸或者某個弟兄來討論此事，並且那人也要對他負責並保密。

對於每一項問題，把它想像成一個應當被射下來的射擊目標。上帝不希望這些問題出現在我們生活中。透過基督十架的大能，我們已被赦免；透過神聖靈的工作，使我們勝過纏擾我們靈魂的罪。我們需要成為敬虔的男女，使我們有蒙福的婚姻。

你可能想知道，要達到什麼標準才是可接受的？我們的標準是必須沒有苦毒、沒有憤怒與怨恨等等。我們用聖經裡的描述當作我們的標準。我們不為自己找藉口，並且悔改。仔細閱讀以下的經文，來看看哪些事情應當放下，應該具備哪些態度與行為。當準新人一起背誦這一段經文，他們應當逐一閱讀每句話，並且在愛中檢討自己目前做到什麼程度。或者更好的是（雖然更困難），你可以問你的伴侶你在這方面做得如何。

> 「所以，你們要棄絕謊言，各人與鄰舍說實話，因為我們是互相為肢體。生氣卻不要犯罪；不可

含怒到日落，也不可給魔鬼留地步。從前偷竊的，不要再偷；總要勞力，親手做正經事，就可有餘分給那缺少的人。污穢的言語一句不可出口，只要隨事說造就人的好話，叫聽見的人得益處。不要叫　神的聖靈擔憂；你們原是受了他的印記，等候得贖的日子來到。一切苦毒、惱恨、忿怒、嚷鬧、毀謗，並一切的惡毒（或譯：陰毒），都當從你們中間除掉；並要以恩慈相待，存憐憫的心，彼此饒恕，正如　神在基督裡饒恕了你們一樣。」（以弗所書四25-32）

我們不是說我們有辦法把以上所有的罪都從生命中除去，但是，當我們對神的話認真，我們可以在這條路上走得更好。任何沒有被消滅的邪惡，都會毀壞我們的婚姻與家庭，直到它被徹底對付為止。神的旨意是聖潔。我們的目標是靠神的恩典除去所有已知的罪，並且為祂的榮耀獻上我們的身體服事祂。

夫妻都花很多時間談論愛情，但是大多數人懂的只是癡心，並非真愛。他們只想到另一半要如何滿足他自己的需要。罪會妨礙他們學習真愛，準新人必須學習放下罪的纏累，並且開始學習服事對方的需要。

在婚前階段追求敬虔的另一個好處是，這會帶來美好、真誠、誠實與謙卑的對話。我和太太以前有過許多這一類的交談。我真希望能有更多。那時我們在靈裡還非常不成熟，以致於看不到許多的罪。但是感謝

神，至少我們對付了很多其他方面。比如說，男生必須知道，除非他把肉體的情慾與幻想放下，否則他無法成為忠實的丈夫，只會成為犯淫亂的人（至少在心裡）！從早期的查經與公開討論當中，我們不斷持續這一類的交通討論並一起禱告。種下對的苗並且讓它在生命的沃土裡深深的扎根！

3•計畫：建立以基督為中心的家

大多數的準新人都是以自己為中心。他們對於即將來到的兩人世界感到興奮不已。我們不是要澆熄這種興奮，但是要把這種期望放在正確的眼光之下。準新人不能把他們兩人視為完全自主不受管理的。他們不該把他們未來的家看做單單屬於他們兩人，而應該視為為了基督以及祂的旨意而存在。這些對未來的夢想必須在結婚前就早早連結在主的旨意裡，使得未來婚姻中的每件事都有堅實的基礎。

世界告訴我們的想法是夫妻們都為自己而活，我們必須拒絕這個思想。如果主呼召一對夫妻，那祂一定呼召他們共同來服事祂。準新人在婚前應該仔細思想神給了他們哪些恩賜，並且期待當他們成為一體之後，神會如何使用他們。

我們必須務實。我們看到許多夫妻花了很多錢在婚禮上。他們必須小心，因為婚禮也可能是一個偶像。他

們花太多的時間與金錢在婚禮以及蜜月上面，以致於
日後必須負債。這絕不會是神的心意。簡單的事物通
常最好。生活中更重要的事情是聚焦在神要他們如何
過他們的人生，並為祂而活。你可以好好對婚禮作計
畫，但是簡單就好。應當把重點放在更好的預備自己
進入婚姻。婚禮只是在神面前建立你們二人的合一。
婚禮不會讓你們永遠同心。

當我們結婚時，只有供應小點心而沒有大餐，但我們
仍然很快樂。我們的蜜月旅行並不昂貴，但是度過非
常美好的時光。我們那時沒什麼錢。我們有婚後生活
所需的所有東西。所以我們過得很簡單。準新人應該
在很早的時候就彼此討論對於婚禮的期待。很多人都
是從新娘雜誌上的照片開始想像，而不是按照神的話
語。基督應該是我們婚禮的中心。

基督也應當是我們新家的中心。這是說夫妻應該定期
同心禱告。在共同禱告中，男人不應該安安靜靜的。
他應該大聲禱告出來，帶領全家更靠近基督。兩人都
應當有自己的靈修時間。在實務上應當怎麼進行？讓
我分享一下我們家已經實行25年來的作法。這樣的方
法幫助我們常常分享並活出我們的生命。

- 父母兩人在大清早先起床，並且有各自的靈修時
  間。

- 現在我們有孩子了，我們有團體靈修時間，通常大家聚集在餐桌邊。我們一起禱告、唱詩歌、讀經文（通常是詩篇或箴言）。我們是後來才開始這樣做，但我們發現在清早把一天交在主的手裡是一件很重要的事。

- 我們在吃飯的時候做謝飯禱告。

- 晚飯後，我們有晚禱時間（家庭祭壇）。這段時間比早上要長。我們一起唱一兩首詩歌，背聖經或者讀經。以前我們會用某些幼童問答教材問他們，後來我們發現，直接按照今天所讀的經文來發問更有效。最後我們禱告。我們為全家的需要禱告，也為宣教士以及其他有需要的人代禱。如果我晚上有事，我太太會帶這段晚禱時間。

- 更晚一點，我和太太會聚在一起。通常我們會聊半小時到一小時（有時更久！），並為我們討論的事情禱告。這種習慣來自於婚前我們共同的讀經與禱告時間。

要讓基督作中心，我們需要愛祂以及祂的話，超越別的事物。我們並非因為有律法規定才這樣做，而是因為我們知道這樣做對我們最好。我們並非以律法為中心，而是讓基督作中心。祂是我們活著的原因，因此我們必須仔細的按照祂想要的方式來活出我們的生

命。如果神要我們奉獻收入的10%或者更多，我們就去做，即使我們有其他特殊需要。基督在我們生活中有最高的優先權。以基督為中心的婚姻是把對神以及對彼此的交通放在第一位。我們留意管理我們所思想、所說以及所做的每件事，必須按照神的心意。每個決定都要基於聖經中的原則。

我們必須愛神的百姓，並且規律的參與地方教會。如果教會有小組，我們應該加入。一對情侶兩人單獨在一起約會並非是最好的。這會增加對彼此錯誤的期待，也為試探製造了機會。我們建議情侶在父母親的指導下進行約會。

4• 團隊合作：同心合意

我們都讀過亞當夏娃成為一體的故事，但是這樣的事情在一般已結婚的夫妻中很少真的成就。為了達到同心合意，除了丈夫必須在愛中按照神的話語帶領他的妻子，妻子忠心的順服丈夫之外，他們兩人都必須有同樣的思想。有兩個陷阱必須要避開。

1) 在許多文化中，人們認為妻子不必知道丈夫心裡在想什麼。丈夫是家中握有決定權的領導者，妻子應該完全順從。雖然在現代西方社會裡並非如此，在世界上許多文化卻是以這樣的方式運作。問題並不在於丈夫執行他的領導權力或是妻子完全順從丈夫。這是對

的。但是如果我們就停在這裡，我們就錯過了婚姻中可能發生的最美好的魂的連結。

神要妻子成為丈夫的「幫助者」。這不只是說妻子要負責所有的洗衣煮飯工作。在創世記第二章，我們看見他們也共同分享生活。神把女人造得不一樣；女人被設計成能密切配合環境並且對人的感受很敏感。神要女人幫助她的男人成為卓越，也要照顧孩子。如果一個女人想要對生活有真正的貢獻，她必須知道生活中每天發生什麼事。

丈夫必須培養一個適合交談的夫妻關係，在其中妻子能瞭解丈夫所面對的困難是什麼，丈夫也能理解妻子，並且聽聽她的洞見。太多時候丈夫不相信妻子對於他的困難能提出什麼幫助。當心中有這種想法，丈夫就不會跟妻子多做分享。神已經設計好，男人缺了妻子的智慧就無法成為卓越。如果丈夫真的愛妻子，他會對她敞開。妻子會對他的敞開有美好的回應。最後，妻子仍然要信賴丈夫對於環境做出最後的決定，但是至少她知道丈夫有聽到也珍惜她的建議。

2) 在另一些文化中，例如現代西方文明，女人通常被訓練得獨立自主，不順服權威。她們通常被教導要相信自己，而非溫柔安靜。像這樣的夫婦最後通常很難

達到同心合意。他們可能同住一個屋子，但是按照自己的方式生活。有些甚至分居了。

夫妻們需要回到聖經的原則生活，也就是兩人不只是在姓氏上合一，同時在生活的實際層面也要合一。若兩人要達成共識，溝通很重要。而要達成共識最快的作法，是兩人擁有共通的價值觀。我們鼓勵夫妻們應該經常做敬虔的決定。因為兩人都明白上帝要我們怎麼做，因此也能互相鼓勵對方朝正確的方向作決定。我（包牧師）從過去的經驗發現當我的信心剛強的時候，會幫助我太太。當我的信心動搖時，我太太的信心往往很堅強能幫助我。我記得有好幾次，正當我們缺錢的時候，我太太總是第一個寫支票奉獻金錢給教會。當時我感覺或許需要等一等。但是她的信心使她直接就去做。也有時候我們兩人都認為應當勇敢的奉獻（我們在其他的教材中會談到這一點）。

我們的目的是按照聖經原則作決定，當我們如此行，所帶來額外的好處是夫妻可以成為同心合意。我們想看到夫婦兩人都愛上帝所愛的事物。如果真的如此，做決定就變得簡單許多。

5● 異象：制訂未來的計畫

我們發現有件事特別有幫助：當考慮結婚的時候，可以問準新人對於未來的計畫。當他開始回答問題的時

候，接著問：成為一個家庭之後，你覺得神要你做什麼？你會發現開始有不同的答案，即使答案一致，也開始有不同的重點。然而，我們之後會發現，現在看起來很重要的某些事，過幾年之後會變得沒那麼重要。

我們只有固定的時間與力氣。我們需要集中精力在良善與可愛的事上。我們必須讓自己的人生目標對準神的旨意。在大多數情況下，神希望建立大家庭。在很多地方上帝都如此強調。不幸的是，今天世界上所實行的節育計畫完全沒有考慮神希望我們怎麼做。這種計畫起源於三種人：

- ➡ (1)那些想要防止某些錯誤的人出生的人

- ➡ (2) 那些相信是人類掌管地球的人

- ➡ (3) 那些認為養小孩太昂貴並且干擾他們喜愛的生活方式的人

基督教會在這方面也已經與世界同流合汙。他們沒有把家庭放在優先次序的前面，反而更看重自己的工作以及財富。多麼的不幸！他們把節育的手段，有時甚至是墮胎，視為達成其他目標的工具。他們有清楚的目標，但是這不是上帝建立敬虔家庭的目標。

在大多數情況下，神要我們有大家庭。即使在洪水之後，神告訴挪亞要生養眾多，遍滿地面。人們常開玩笑說地球已經擠滿人了，其實還沒有。人們不再相信神能夠照顧許多的人。神設計這個世界可以提供許多人的需要。這是神的計畫。只要想一想，你真的相信當其他宗教信仰的人都生了許多孩子，而基督徒卻限制自己只生一兩個，這樣的作法對嗎？這是神的旨意嗎？

當然，神並不只是希望有一大堆子女。祂想要有敬虔的子女。父母親必須把他們自己的玩具放下，認真的看待養育敬虔後裔的責任。這與孩子無關，卻與父母怎麼做高度相關。別相信你從世界聽到的！我們不是把孩子養大後讓他們為自己做決定。我們要養育孩子，讓他們長大後能順服權柄，並且聽從上帝以及父母的引導。

如果妻子有工作，她應該辭職。如果她堅持一定要上班，她應該很誠實的問自己是否真的應該結婚。當我們做某個決定，我們應該繼續順著這條路思想，這個決定將帶來什麼結果。為了保持我們的工作而避免懷孕是錯的。但是女人有了孩子之後，心卻不在孩子身上，這也不對。怨恨會累積在孩子心中，他們也不會感到母親的愛。女性主義已經困擾了許多的基督徒太

太。如今是讓姊妹們興起並按照神的話語生活的時刻！

> 「才德的婦人是丈夫的冠冕；貽羞的
> 婦人如同朽爛在她丈夫的骨中」(箴言
> 十二4).

弟兄們也一樣，必須緊抓住領導家庭的異象，而不只是跟隨而已。問題在於通常丈夫會忽略妻子與家庭，專注於自己的事業。他認為自己的工作是為了賺錢。在聖經中沒有這樣的思想。請讀箴言1-4章，你會看到父親如何勸誡兒子。再讀申命記第六章，會看到父親有責任牧養他的孩子。如果我們想要培養敬虔的後代，我們必須在心中立下正確的承諾。

神的旨意是要把祂的話語放到人心中，並與人本來的心思交戰，直到人單單愛慕實行神的旨意，別無他求。當世俗的觸角緩步伸向我們，神的聖潔要求我們從世俗中分別出來。我們必須悔改，並把神的旨意與道路放在人生的第一位。單單如此便可稱作「敬拜」。

*****

我們探討了必須注意的五件事。還有別的事也值得討論。我們希望能有敬虔的牧師與師母帶你們進行婚前輔導。以下提供一些有用的資源：

1) <u>打造美滿婚姻</u> 作者為包恩富牧師及師母。你的婚姻是上帝的設計！婚姻中呈現的問題反映了當初進入婚姻的基礎不牢靠。在其中你可以看到神透過三個有效步驟幫助我們建立美滿婚姻。

2) 可以一起閱讀並討論Family: God's Weapon for Victory或其他有關婚姻的書。

3) 參加基礎生活原則講座，包括基礎系列以及進階系列。此系列講座使聽眾有機會討論與檢視能建造基督徒生命的基礎生活原則。

4) 常常上BFF關於婚姻的導覽頁，閱讀包恩富牧師更多精彩的文章。

附錄三：作者

有八個孩子的包恩富與包柯玲婷 (Paul & Linda Bucknell) 有許多訓練孩子的經驗。他們的子女，從最大的到最小的，相差有二十年，這使得他們可以對整個教養過程有一個統合的眼光。他們之前曾作過宣教士、地方教會牧師，這些經歷使他們因為曾經負責帶領訓練、輔導協談家庭、舉辦教養研討會等等事工而對這些事工有特殊的洞見。身為<u>聖經實用的真理</u>的創辦人，包牧師有許多訓練教材。他也曾經到世界各處訓練神的百姓。

基於聖經的教養原則與實踐之總結

你能成功的！神要你成功的興起敬虔的家庭，祂也提供了你一切所需。我們不需要嘗試各種各樣目前流行的教養理論，過了一段時間才發現它們都沒有用，而且我們的孩子也從中受害。上帝，我們家庭的原創者，已經把祂的愛與真理傳遞給我們，祂如今仍這樣做！

藉著效法與應用上帝的真理在自己的家中，父母們可以預期良好的變化會發生在他們的家庭。神創造了家庭，祂知道如何使它完美運作，即使我們的家處在一個不完美的世界裡。身為父母，我們要分辨上帝想要什麼，並透過訓練與紀律使神的標準能建立在孩子身上。

父母越早開始這種訓練越好。透過早期訓練，父母能有機會阻止壞習慣形成。這會成為我們孩子生命中一個豐厚的獎賞，充滿了可愛的回憶與喜樂，當他們長大後，他們會遵行同樣的生活方式。青少年的背叛並非是必然的。透過青少年所面對的許多新景況，父母能繼續與他們年長的孩子建立逐漸美好的關係。

www.ingramcontent.com/pod-product-compliance
Lightning Source LLC
LaVergne TN
LVHW021359080426
835508LV00020B/2356